Menschen sind aus Fleisch und nicht aus Fruchtfleisch
FleischStudien gegen Vegetarismus

Herold zu Moschdehner

Menschen sind aus Fleisch und nicht aus Fruchtfleisch
FleischStudien gegen Vegetarismus

Bibliografische Information durch
Die Deutsche Bibliothek:

Die Deutsche Bibliothek verzeichnet diese Publikation in der Deutschen Nationalbibliografie; detaillierte bibliografische Daten sind im Internet über http://dnb.ddb.de abrufbar.

ISBN   9783735738967

Copyright (2014)
Herstellung und Verlag: Books on Demand GmbH, Norderstedt
Alle Rechte beim Autor.

10,90 Euro

Herold zu Moschdehner ist ein anerkannter Fleischesser und ihn kümmert das Leid der Tiere recht wenig, weil auch er in de früheren Leben das Leid benötigte um weiter zu wachsen. Es ist ganz natürlich. So spielen auch Wildkatzen mit ihrer Beute und quälen diese. Das Quälen ist nicht schön, aber das Leid gibt und gab es immer.
Dieses Buch zeigt auf welche Vorteile der Fleischkonsum und welche Nachteile das Vegansein hat. Hierbei hält der Autor sich streng an den MoschdehnerVerstand, beleuchtet objektiv und bedient eine gewisse Sichtweise: Seine eigene!
Im Jahre 1998 stellte Herold zu Moschdehner in seinen Wohnort Bobitz einen WürstchenessDorfrekord auf und hatte die Würstchen selbst aus Schweinchen und Kühen durchgedreichselt.
Er hat also vollkommene Kennung von Massentierhaltung.
Hier soll es aber prinzipiell um die Gesundheit gehen und die Auswirkungen auf den Organismus.

Positives am Fleischessen

Fleisch macht satt!

Fleisch schmeckt gut!

Fleisch hat was animalisches!

Fleisch riecht gebraten lecker!

Fleisch macht Muskeln!

Fleisch kommt von Tieren und die sind manchmal einfach niedlich. Diese Niedlichkeit isst man mit und wird selbst liebenswert.

Ohne Fleisch gäbe es keine Würste und Würste sind einfach toll.

Teewurst

Die Fleischer hätten keine Arbeit mehr!

Spaghetti Bolognese

Wenn man ein blaues Auge hat kann man mit einem rohen Fleischstück gut kühlen.

Man kann es selbst jagen.

Man kann aus jedem Tier ganz leicht
Fleisch machen.

Fleisch hat wenig Buchstaben und man es schneller aussprechen als Pflanzen.

Wenn man einen Hund hat so verbindet es, dass man gemeinsam Fleisch isst.

Fleisch haben schon die Neandertaler gegessen.

In der Bibel gibt es keine Vegetarier

Fleisch bedeutet Leben und wenn man Fleisch isst lebt man auch länger. Is doch logisch.

Das Fleisch zu nutzen anstatt nach dem Tod des Tieres verrotten zu lassen ist auch eine Hochachtung vor dem Tiere.

Unsere Zähne sind auf Fleisch ausgerichtet.

Fleisch ist Eiweiß und man kann gar nicht so viel Eigensperma konsumieren um ein fleischloses Leben zu konsumieren und wahrscheinlich ist es darin auch nur enthalten, weil man Fleisch ist.

Damit man stets Sperma hat oder eben einen Mann mit Sperma.

Wenn wir kein Fleisch essen würden gäbe es mehr Kühe als Menschen auf dem Planeten.

Stulle mit Schinken..leckerrrrrr

Kannibalen essen auch Fleisch.

Negatives am Fleischverzicht!

Wenn man jagen geht wird einem vorgeworfen dass man aus Mordgier schießt.

Vegetarier schwitzen schneller und riechen übel.

Das Animalische fehlt auf einmal und man wird langweilig und liest Esoterikbücher.

Haarausfall und Impotenz

Juckende Fersen und Handballen

Man kommt in einen Kreislauf von Gutmenschentum und bedenkt sein ganzes Leben und lebt nicht mehr.

Vegetarier sterben früher

Wenn man den Mund voller Tomaten hat
kann man nicht gut küssen.

SojaBockwurst ist eine üble Verarsche.

Man kann die Sonne nicht mehr so ab
und die Haut wird faltiger.

Man muss öfter auf den Wochenmarkt
und bei Ökoleuten Äpfel kaufen.

Es ist total Pussy und nicht männlich,
wenn man kein Fleisch ißt.

Menschen sind aus Fleisch und nicht aus Fruchtfleisch.

Das Gehirn funktioniert nicht mit Obst oder Gemüse.

Man kommt mit den falschen Menschen in Berührung und will auf einmal alle bekehren.

Man geht Tiere streicheln und hält sich mindestens ein Tier.

Man hat keine wunderschöne
Fressschlinggier mehr.

Man spürt die Macht eines Fleischessers nicht.

www.ingramcontent.com/pod-product-compliance
Lightning Source LLC
LaVergne TN
LVHW010637201125
826046LV00043B/2502